PROLÉGOMÈNES

A L'ÉTUDE

DE L'ACCLIMATATION DE L'HOMME

PAR

A. STANISLAS LESZCZYŃSKI

Professeur au Lycée National Charlemagne

Officier d'Académie

(La douceur de l'avenir se trouve)
(dans deux choses : une science de)
l'émigration, un art de l'acclimatation)

J. Michelet

Paris 1876

Imp. ECHERRIER Rue de Bragues St Antoine 9 PARIS

PROLÉGOMÈNES

A L'ÉTUDE

DE L'ACCLIMATATION DE L'HOMME

PAR

A. Stanislas Leszczyński

Professeur au Lycée National Charlemagne,

Officier d'Académie.

« La douceur de l'avenir se trouve
dans deux choses : une science de
l'émigration, un art de l'acclimatation »

Michelet

Paris 1876.

De l'Acclimatation de l'Homme.

I.

Définition.

Tous les auteurs qui ont écrit sur l'acclimatation de l'homme, ont entendu par ce mot ou par le mot acclimatement — nous reviendrons tout à l'heure sur la distinction à faire entre ces deux termes — « la modification plus ou moins profonde produite dans l'organisme par un séjour prolongé dans un climat qui diffère notablement de celui que l'on a jusqu'alors habité (1) »; ou encore « la révolution spontanée par laquelle l'organisme transporté dans un climat nouveau se met en harmonie avec de nouvelles conditions fonctionnelles (2) ».

(1) Littré et Robin (dictionnaire), art. « Acclimatation ».

(2) Bertillon, art. « Acclimatement, Acclimatation » dans Diction naire encyclopédique des sciences médicales de Raige Delorme en A. Dechambre.

4.

Ces deux définitions visent surtout le résultat final, le fait qui vient de s'accomplir.

D'autres plus préoccupés des circonstances qui précèdent ou accompagne ce fait, écrivent que l'acclimatation est : un conflit entre l'ensemble des circonstances qui caractérisent une zône, une région, une localité et les dispositions organiques qui forment le fond de l'individualité humaine et le type collectif des familles et des races.

Il est inutile de faire remarquer que ces auteurs ont surtout envisagé l'acclimatation continue d'un groupe humain donné et que je compte lauser complètement de côté, dans ce travail, l'acclimatation individuelle qui tient à une foule de causes tombant difficilement sous le coup de l'observation.

Tout le monde est d'accord pour voir dans le fait de l'acclimatation, soit de l'homme, soit de tout autre être organisé, un « changement », une « modification », une « révolution » survenue dans l'organisme à la suite d'un « conflit », de secousses organiques plus ou moins lentes à se décider — ; secousses, conflit qui deviennent souvent si funestes, et qui sont la source de toutes les maladies inhérentes à l'émigration. « Acclimater, n'est-ce pas modifier par un changement — , de milieu les conditions normales d'existence et réaliser l'adaptation de l'organisme à un milieu nouveau? » dit de son côté un autre auteur. « Les animaux et les plantes s'acclimatent à condition de s'adapter..... etc. (2).

---

(1). Traité d'hygiène publique et privée. (Michel Lévy).
(2). La Variabilité des espèces, p. 33. _ Faivre.

5.

Tel est le sens général que l'on doit donner au mot acclimatation.

Beaucoup de discussions, de divergences d'opinions proviennent fort souvent du mauvais sens donné aux mots ou bien encore du vague sous lequel on les entend généralement. On a mille fois répété que les mots étaient la monnaie du langage. Les mots n'ont pas de valeur par eux-mêmes et se plient à toutes les exigences des auteurs. On pourrait, avec plus de raison, les comparer aux jetons sur lesquels opèrent les joueurs : il est tout aussi dangereux de discuter avec des mots qui n'ont pas de signification fixe, déterminée d'avance, que de jouer avec des jetons dont la valeur n'a pas été convenue. Il est certains termes qui, tout en conservant le sens fondamental qui vient d'être assigné au mot acclimatation, expriment cependant des nuances particulières.

Ainsi acclimatement possède à peu près le même sens qu'acclimatation, avec cette différence, que ce mot s'applique aussi bien à l'individu qu'à l'espèce (1). Il désigne encore l'acclimatation naturelle qui se fait en dehors de l'homme, sans son intervention directe, active, raisonnée. Comme jusqu'à ce jour, l'homme qui émigre individuellement ou collectivement, l'homme qui change de climat a toujours été livré au hasard de mille circonstances étrangères, comme le choix de sa nouvelle patrie n'a jamais été guidé par des notions acquises sur la meilleure manière de vivre pour s'acclimater, sur les conditions normales de l'existence dans le milieu où il va se trouver, le mot acclimatement a été presque le seul appliqué à l'homme

____

(1) Littré et Robin, loc. cit.

tandis que, par contre, au mot acclimatation, s'est jointe l'idée de l'intervention de l'art humain dans l'action d'acclimater. « En un mot, quand l'homme s'accomode spontanément et d'une façon permanente à un climat sous lequel il n'est pas né, on dit qu'il y a acclimatement ; mais quand par ses soins, son industrie, il accomode d'autres êtres à un climat qui n'est pas le leur, on dit qu'il y a acclimatation (1). »

C'est uniquement, absolument pour cette raison que nous avons préféré dans notre travail le mot acclimatation au mot acclimatement, parce que nous voudrions essayer d'établir des règles pour l'émigration, comme on l'a fait pour l'acclimatation animale ou végétale ; épargner, autant que possible, à l'homme les mécomptes qui se produisent si fréquemment dans les colonisations ; mettre à profit pour nous les succès comme les insuccès de nos jardins d'essais, en érigeant en principes et en lois ce qui ressort de plus général des faits jusqu'ici observés ; enfin, indiquer, afin de les prévenir ou de les contrebalancer par une prophyllaxie, sagement conduite, les dangers pathologiques auxquels l'émigrant s'expose.

On a employé également le mot naturalisation pour indiquer l'acclimatation naturelle qui se fait en dehors de l'intervention de l'homme chez les plantes et les animaux, ou, s'il y est pour quelque chose, tout à fait à son insu. Ce sont surtout les botanistes qui ont donné à ce mot un sens bien limité. « J'appelle naturalisée, dit M. Alphonse de Candolle, une espèce qui n'existant pas dans un pays, s'y trouve ensuite

---

(1) Bertillon, loc. cit.

avec tous les caractères des plantes spontanées indigènes, c'est-à-dire croissant et se multipliant sans le secours de l'homme ; se manifestant avec plus ou moins d'abondance et de régularité dans les stations qui lui conviennent et ayant traversé des séries d'années pendant lesquelles le climat a offert des circonstances exceptionnelles. (1). »

Quelques personnes, dominées par des idées préconçues et partant de points de vue tout à fait étrangers à l'histoire naturelle, ont voulu étendre encore la compréhension du mot naturalisation. Pour elles, l'adaptation d'un organisme à un milieu nouveau n'a lieu que lorsque cet organisme a été doué, dès le commencement, de la faculté d'y vivre, faculté que les circonstances révèlent : Acclimatation qui implique l'idée d'un être qui vit dans un climat pour lequel il n'était pas né ; ce qui est impossible. Il n'y a que de simples naturalisations. Nous reviendrons plus tard sur ce sujet.

Ces mots acclimatation, acclimatement, naturalisation, à part les variantes et les divergences précises que nous venons d'indiquer, ont donc au fond une signification commune : une modification dans l'organisme qui change de milieu. Là-dessus, nous le répétons, presque tout le monde est d'accord.

Mais on ne se serait probablement pas si bien entendu s'il avait fallu fixer le sens, la nature, le degré de cette modification, de ce changement survenu dans l'organisme. Les divers camps scientifiques ou religieux en auraient fait un nouveau champ de bataille, et ils n'auraient réussi, comme cela est arrivé si souvent

---

(1) Géographie botanique raisonnée, t. II.

à propos d'autres questions, qu'à encombrer le terrain d'une vaine argumentation. Pourtant l'esprit n'est satisfait qu'à la condition de se rendre compte, aussi exactement que possible, de cette modification, c'est à l'idée plus ou moins juste que nous nous en ferons, à la manière plus ou moins scientifique dont nous la comprendrons, qu'est liée la saine appréciation des conséquences morbides qui en dépendent.

Nous allons essayer, dans la première partie de notre travail, de discuter en éclaircir ce fait important, de lui donner toute la large compréhension que comportent les recherches modernes de la biologie et les fécondes généralisations de notre époque.

II.

L'homme et tous les êtres organisés sont sous la dépendance immédiate des milieux.

L'homme ne vit, ne jouit de toute la plénitude de son existence qu'autant qu'il trouve dans le milieu où il est plongé, les conditions matérielles et dynamiques de l'exercice libre et naturel de ses fonctions. De cette dépendance immédiate où il se trouve résultent pour lui des rapports nécessaires et constants avec le monde extérieur.

Tout ce qui l'entoure agit sur lui, l'impressionne d'une façon ou d'une autre. Il emprunte au sol son eau et ses sels ; au monde organisé la matière viable déjà élaborée ; à l'air, son oxigène ; au soleil sa lumière et sa chaleur. C'est dans l'influence de tous ces agents que se trouve la source même de sa vie. Mais il ne reçoit de la nature ces principes vivifiants qu'à la condition de les lui restituer sous une autre forme. La nature n'a fait que lui prêter le calorique, la lumière, l'air ou l'aliment qu'il s'est adjoint pour entretenir son existence. De là une réaction indispensable de la part de l'organisme humain afin de rendre ce qu'il avait emprunté ; de là des échanges entre cet organisme et le monde extérieur, échanges qui sont la condition sine quâ non de la vie. On a appelé

assimilation l'action du milieu, et désassimilation la
réaction de l'organisme. Cette assimilation et cette
désassimilation ont lieu à chaque époque, à chaque
instant de la vie, d'une manière continuelle,
ininterrompue, et il faut que ce soit ainsi. La machine
organique doit fonctionner sans trêve ni repos, une
fois qu'elle a été mise en train; elle se développe, se
perfectionne d'elle-même pendant un certain temps;
puis ne fait plus que réparer ce que lui détruit l'usure,
et finalement, se consume elle-même. Chose
curieuse et bizarre, l'homme trouve plus tard dans
les conditions mêmes de l'exercice des actes de sa vie,
la source de son usure et de sa destruction!

Cette coordination, cette harmonie entre le corps
immergé et son milieu, condition nécessaire de l'existence
a tellement été sentie de nos jours, que les biologistes
ne séparent plus l'idée d'organisme de l'idée du
milieu : l'un suppose l'autre. Il n'y a pas longtemps
encore, on se livrait à des admirations aussi naïves
que niaises sur l'harmonie préétablie entre les divers
êtres et leur habitat, sans chercher à l'expliquer
autrement que par les causes finales.

Depuis qu'Auguste Comte et de Blainville
ont signalé l'importance de l'étude des phénomènes
de milieu, de leur sériation, de leur coordination
scientifique, on a créé une science nouvelle : la
Mésologie. En raison de l'équilibre instable, où
flottent pour ainsi dire les organismes vivants, en
raison de leur incessante activité, leurs rapports avec
les milieux sont plus variables et plus complexes, plus
étendus et plus intimes, plus perturbateurs, leur harmonie
est plus facile à détruire, plus difficile à déterminer.
« Nous avons appelé mésologie » dit Bertillon « cette

science abstraite des milieux dont les sciences corrélatives sont l'hygiène et l'acclimatation. » (1).

Le mot *milieu* fut employé, sinon prononcé,
pour la première fois par Auguste Comte, et cela
pour désigner spécialement d'une manière nette
et rapide, où il, non seulement le fluide où l'organisme est plongé, mais en général l'ensemble total
des circonstances extérieures, d'un genre quelconque,
nécessaires à l'existence de chaque organisme déterminé. C'est de Blainville qui, quinze ou vingt
ans auparavant, dans l'introduction de son Traité
d'Anatomie comparée, avait caractérisé le grand
phénomène de la vie par un double mouvement de
composition et de décomposition; d'action du milieu
et de réaction de l'organisme ; car ce double mouvement suppose indirectement deux notions fondamen-
tales corrélatives, inséparables de l'état vivant, un
organisme déterminé et un milieu convenable.

Afin de bien montrer le rôle que joue le milieu
dans le phénomène de la vie, qu'on nous permette de
citer une page où le chef de l'école positiviste lui fait
une si grande part, en même temps qu'il repousse
fort à propos la théorie de Bichat pour qui la vie
était une lutte au lieu d'un acte paisible; un désordre
au lieu d'un fait normal :

« Une telle harmonie entre l'être vivant et
le milieu correspondant caractérise évidemment la
condition fondamentale de la vie. Si, comme le
supposait Bichat, tout ce qui entoure les corps
vivants tendait naturellement à les détruire, leur
existence serait par cela même radicalement inintelligible.

____

(1). *Presse scientifique des Deux Mondes*, t. 1er, 1860, p. 125.

car où pourraient-ils puiser la force nécessaire
pour surmonter même temporairement un tel
obstacle ? À la vérité la vie de chaque être dans
chaque milieu cesse d'être possible aussitôt que la
constitution de ce milieu vient à subir, sous un aspect
quelconque, de trop grandes perturbations : et en ce
cas, l'action extérieure devient, en effet, destructive.
Mais cela empêche-t-il que, renfermée entre des limites
de variations convenables, elle ne soit habituellement
conservatrice ? Dans tous les degrés de l'échelle biologique, l'altération et la cessation de la vie sont,
sans doute, au moins aussi fréquemment déterminées
par les modifications nécessaires et spontanées de
l'organisme que par l'influence des circonstances
ambiantes. Si, par exemple, un certain degré de
froid ou de sécheresse ralentit et quelquefois suspend
la vie de tel ou tel animal atmosphérique, un retour
convenable de la chaleur ou de l'humidité ranime
et rétablit son existence. Or, dans l'un comme
dans l'autre cas, c'est également du milieu que
provient l'influence ; pourquoi ne pas avoir égard
au concours aussi bien qu'à l'antagonisme ? L'état de la
vie serait donc très-vicieusement caractérisé par cette
indépendance imaginaire envers les lois générales de
la nature ambiante, par cette opposition fantastique, avec
l'ensemble des actions extérieures. » (1)

    Ainsi, nous ne devons pas l'existence à ce
que l'organisme et le milieu vivent en mauvaise intelligence, mais au contraire à leurs rapports amicaux.

    Nous venons de traiter des conditions mêmes
de l'existence de la vie, indépendamment de la manière

---

(1) Auguste Comte, Cours de Philosophie positive.

dont celle-ci se manifeste. Il est clair qu'il est des degrés dans cette manifestation et que celle-ci est subordonnée à mille circonstances variables, comme le milieu est susceptible de mille variations. Pour que l'homme, en effet, puisse jouir pleinement de tous les attributs de sa vie, il faut que le fonctionnement de son organisme s'effectue au sein du milieu ambiant dans des rapports tels que les échanges puissent se contrebalancer et s'équilibrer mutuellement, en d'autres termes que la réceptivité de leur influence soit proportionnée, en tous points, à l'activité passible de l'organisme donné. Il est presque impossible que cet équilibre se maintienne ainsi durant toutes les phases de l'existence. Il est impossible non-seulement à cause du peu de stabilité de la manière d'être organique et fonctionnelle qu'affecte l'homme et qui est inhérente à la matière organisée, toutes choses égales d'ailleurs, mais encore parce que les conditions du monde mésologique où il est appelé à vivre ne sont pas toujours et partout les mêmes; partant, leur influence, leur action sur l'organisme ne s'exerce pas constamment de la même façon.

Qu'un des agents du monde externe cesse d'agir, ou seulement que son influence se fasse sentir à l'homme par sa plus ou moins grande intensité d'action, l'équilibre qui existait jusqu'alors entre lui et son milieu est rompu, et l'harmonie qui s'était établie dans le fonctionnement de ses divers appareils se trouvera de suite modifiée. Cette modification n'intéresse quelquefois que la fonction d'un seul organe, mais les autres appareils de l'économie, en vertu de la solidarité qui, statiquement et dynamiquement, les relie entre eux, ne tarde pas à s'en ressentir en donnant lieu à un trouble plus ou moins durable, plus ou moins appréciable.

Les changements de saison et avec eux les modifications d'ordre physique et chimique apportées dans l'atmosphère nécessitent toujours des changements correspondants dans la manière d'être de l'homme. Ce sont là les causes les plus fréquentes et les plus actives de la rupture de l'équilibre en question. Naturellement, ces changements ne surviennent pas tout à coup. La fin d'une saison va se confondre par degrés insensibles avec le commencement de la suivante, et donne ainsi le temps à l'homme d'approprier, de mouler, pour ainsi dire, sa manière d'être organique aux conditions nouvelles du milieu ambiant. L'équilibre peut donc n'être pas rompu, si les choses se passent comme nous venons de l'indiquer. Mais si les transitions périodiques du chaud au froid, par exemple, se font d'une façon brusque, comme imprévue, ou si elles sont rendues telles par inobservance de soins hygiéniques, si l'homme se trouve tout d'un coup transporté au sein des conditions de milieu qui diffèrent de celles où il a vécu jusqu'à ce moment-là, le rapport de liaison est changé et ce changement, auquel l'économie n'a pas été préparée, détermine des troubles qui, dans certains cas, donnent lieu à des affections fort graves.

Pour ne pas perdre de vue notre sujet nous pouvons dire que dans nos climats variables, l'homme s'acclimate en quelque sorte deux fois chaque année, une première fois au sortir de l'hiver et au commencement de l'été, une seconde au sortir de l'été et au commencement de l'hiver. Tout le monde sait combien le printemps et l'automne, ces deux saisons transitoires sont à craindre, tant par les nouvelles maladies qu'elles engendrent, que par l'aggravation qu'elles apportent dans l'état des sujets déjà souffrants.

Dans le cas de changement brusque de saison, l'équilibre sera donc rompu, et si par les efforts de la nature ou par l'intervention de l'art, il n'est pas rétabli, cette rupture peut devenir, à un moment donné, incompatible avec la vie. Celle-ci cesse. Dans d'autres circonstances, heureusement plus nombreuses, l'équilibre se rétablit plus ou moins complètement; en tous les cas, il se rétablit dans la mesure des modifications plus ou moins profondes que l'organisme a dû subir pour arriver à ce résultat. Des modifications de ce genre peuvent persister sans que l'homme n'accuse cet état par une empreinte quelconque dans sa manière d'être organique ou fonctionnelle. Temporaire ou perpétuel, cet état a souvent pour résultat d'abréger l'existence et de rendre la vie moins complète. Plus souvent les causes d'altération dans le fonctionnement régulier et physiologiquement normal de l'organisme surviennent, plus l'existence se trouve compromise, et moins elle a de chance d'arriver au maximum de durée, et au dernier degré à la plénitude de son développement.

Voilà comme quoi le milieu, cause première et nécessaire de la vie, en règle encore le degré, le mode et jusqu'aux moindres détails, comme quoi les agents naturels ne se bornent pas seulement à déterminer et à maintenir la vitalité d'un être organisé, à faire manifester son existence par des actes aussi nombreux que variés, mais déterminent encore dans l'état d'organisation générale et de fonctionnement général, certaines particularités au moyen desquelles cet être organisé s'adapte ou ne s'adapte pas à la nature du milieu au sein duquel il se trouve, acquiert ou n'acquiert pas la faculté d'y vivre et de s'y reproduire indéfiniment.

Supposons maintenant un homme qui se transporte dans un climat différent du sien. C'est un peu comme s'il changeait de saison dans son propre pays. Qu'arrivera-t-il? Son milieu diffère de l'ancien et les nouvelles conditions d'existence qu'il y trouve, nécessitent un changement de rapports entre son organisme et les agents externes, changement d'autant plus grand, cela se conçoit, que son nouveau milieu est plus éloigné du premier comme espace ou comme composition. On ne respire pas le même air dans le Nord que dans le Sud. Le genre d'alimentation dans un pays chaud diffère considérablement de celui d'un pays froid. De là, des troubles plus ou moins profonds, plus ou moins appréciables, selon l'idiosyncrasie organique, dans sa santé, dans sa manière d'être, troubles dont il doit résulter des modifications organiques ou fonctionnelles en rapport avec la constitution du nouveau milieu. Les organes correspondants à certaines modifications des agents naturels, présenteront de nouvelles particularités dans leur état d'organisation, comme dans leur fonction à remplir. Le poumon habitué à respirer un air froid, vif, condensé, sera obligé de se modifier pour recevoir un air chaud, fortement dilaté et plus pauvre en oxygène, à volume égal; ou bien formé sous l'impression douce, constante, homogène du ciel de l'équateur, il ne pourra en restant tel, subir les variations

brusques de l'atmosphère des pôles. Il faut qu'un
travail spécial se fasse dans cet organe. C'est
justement ce travail de l'économie en vue, de la
conservation et de la propagation des êtres vivants,
travail accompli ou s'accomplissant, qu'on désigne
par le mot acclimatation ou acclimatement, tel
que nous l'avons défini en commençant.

III.

Modifications organiques et fonctionnelles qui suivent nécessairement le changement de milieu.

Dans l'exposé théorique qui précède, nous ne nous sommes adressés qu'à la physiologie générale, abstraction faite de détails spéciaux. De nombreux faits observés tant dans les règnes animal et végétal, en général, que chez l'homme, en particulier, mettent encore en plus grande évidence, l'action souveraine des milieux, des climats, sur la forme, l'organisation, le fonctionnement des êtres vivants. Nous pouvons pour ainsi dire toucher du bout du doigt les conséquences de ce que nous venons d'écrire. Dans la nécessité de nous restreindre, nous allons prendre les exemples les plus frappants, ceux qui nous sont les plus familiers, en ayant soin de les varier assez pour qu'ils ne laissent pas après eux le moindre doute.

D'une manière générale les animaux sont les enfants du climat, du sol du pays qu'ils habitent; c'est Buffon qui le dit : « Chaque être a sa patrie naturelle dans laquelle il est retenu par nécessité physique; chacun est fils de la terre qu'il habite.... », et plus loin : « Ceux (animaux) d'un continent ne se trouvent pas dans l'autre; ceux qui s'y trouvent sont

altérés, rapetissés, changés souvent au point d'être mécon-
naissables . » (1).

Ces quelques mots du grand naturaliste peuvent
se passer de tout commentaire ; ajoutons seulement que
l'idée qu'ils expriment doit s'appliquer aussi bien à
l'homme qu'aux animaux.

D'ailleurs, les paroles suivantes du père de la
médecine ne veulent pas dire autre chose : « Il est
parmi les hommes des races et des individus qui ressemblent aux terrains montueux et couverts de forêts ;
il en est qui rappellent les sols légers qu'arrosent
des sources abondantes ; on peut en comparer
quelques-unes aux prairies et aux marécages ; d'autres
à des plaines sèches et dépouillées. (2).

Minerve, disaient les prêtres Égyptiens bien
avant Hippocrate, avait choisi pour fonder Athènes
le climat qui pouvait donner aux hommes plus de
goût, de sagacité et d'imagination.

Nous savons du reste que Montesquieu (3) a
soutenu la même doctrine et que les mêmes vues
dirigeaient les réflexions de Cabanis dans ses mémoires
intitulés « Des Rapports du physique et du moral. »

De toutes les composantes d'un milieu, la
constitution géologique du sol est celle à laquelle
les auteurs semblent faire le moins attention, et pourtant
c'est peut-être celle qui en mérite le plus, à cause
de son influence bien plus générale, et la première
à se faire sentir. N'est-ce pas dans les plaines de
l'hémisphère Nord, constituées par les terrains sédimentaires

---

(1) Buffon, t.X.
(2) Hippocrate, Traité des airs, des eaux et des lieux.
(3) Esprit des lois. — Voir aussi Taine.

les plus récents, que l'espèce humaine a acquis son plus grand développement, que se sont formées peu à peu ces grandes civilisations qui font notre gloire et notre bien-être, que se sont créées ces races actives, fortes, au front droit, au cerveau si développé ? N'est-ce pas dans ces régions conquises peu à peu sur les eaux, dans ces fonds de mer comblés par des milliers de siècles, que semble s'être concentrée la vie, la matière organisée, tandis que les grands plateaux granitiques ou schisteux de l'hémisphère Sud, émergés aux premiers âges du globe ne nourrissent que des êtres inférieurs, dégradés, pauvres comme nombre et comme intensité vitale ? Il est, en effet, en géologie, un fait remarquable, c'est que les terrains sédimentaires, les bassins de mers mis à sec sont ramassés vers le pôle Nord. Les terres du Sud sont au contraire de vastes continents anciens, homogènes, généralement terminés en pointe. On dirait que là la mer n'a pas changé de rivages depuis la formation de la première écorce de la terre ; le flot bat toujours la même falaise de granit, il détruit sans cesse et n'édifie rien. Aussi, ces continents sont-ils restés isolés, perdus trois ou quatre dans les océans antarctiques, semblant se fuir au lieu de se donner la main. Les continents du Nord, au contraire, ont toujours marché à la rencontre les uns des autres, et assiègent aujourd'hui le pôle. Ils perdent l'Atlantide qui réunissait l'Amérique du Nord à l'Europe (1), ils gagnent la région russo-sibérienne. Leurs avant-gardes sont le Spitzberg et le Groënland.

---

(1) Voir E. T. Hamy, Précis de Paléontologie humaine, p. 70-73.

La même remarque biologique, à savoir que la vie s'accumule, se concentre, que la quantité de vie est plus considérable dans des régions constituées par des terrains récents, que dans les pays formés de terrains anciens s'applique à une contrée limitée comme au globe tout entier. Prenons la France : « Les deux parties principales de la France, le dôme de l'Auvergne — terrain granitique — et le bassin de Paris — terrain sédimentaire — quoique circulaires, l'une et l'autre, présentent des structures diamétralement contraires. Dans chacune d'elles les parties sont coordonnées à un centre ; mais ce centre joue dans l'une et dans l'autre un rôle complètement différent. Ces deux pôles de notre sol, s'ils ne sont pas situés aux deux extrémités d'un même diamètre exercent en revanche autour d'eux des influences exactement contraires, l'un est en creux et attractif, l'autre en relief et répulsif. Le pôle en creux vers lequel tout converge, c'est Paris, centre de population et de civilisation. Le Cantal placé vers le centre de la partie méridionale représente assez bien le pôle saillant et répulsif. Tout semble fuir en divergeant de ce centre élevé qui ne reçoit du ciel qui le surmonte que la neige qui le couvre pendant plusieurs mois de l'année. Il domine tout ce qui l'entoure et ses vallées divergeantes versent les eaux dans toutes les directions. Les sources s'en échappent en rayonnant comme les rivières qui y prennent leur source. Il repousse jusqu'à ses habitants qui, pendant une partie de l'année, émigrent vers des climats moins sévères. L'un de nos pôles est devenu la capitale de la France et du monde civilisé ; l'autre est resté un pays pauvre et désert. Comme Athènes et Sparte

dans la Grèce, l'un réunit autour de lui les richesses
de la nature, de l'industrie et de la pensée ; l'autre, fier
et sauvage au milieu de son âpre cortège, est resté
le centre des vertus simples et antiques, et, fécond,
malgré sa pauvreté, il renouvelle sans cesse la population
des plaines par des essaims vigoureux et fortement
empreints de notre ancien caractère national. » (1)
On ne peut exprimer avec plus de bonheur et de
charme de style que M. Elie de Beaumont, ces
deux faces si tranchées, ces deux traits généraux si
caractéristiques de notre pays.

    Cuvier, au génie duquel n'avait pas échappé
cette relation de l'homme avec la nature du sol a dit :
« A l'abri des petites chaînes calcaires, inégales, ramifiées,
abondantes en sources, qui coupent l'Italie et la
Grèce, dans ces charmants vallons riches de tous les
produits de la nature vivante germent la philosophie
et les arts ; c'est là que l'espèce humaine a vu naître
les génies dont elle s'honore le plus ; tandis que les
vastes plaines sablonneuses de la Tartarie et de
l'Afrique retinrent toujours leurs habitants à l'état
de pasteurs errants et farouches ; et même dans les pays
où les lois, le langage sont les mêmes, un voyageur
exercé devine par les habitudes du peuple, par les
apparences de ses demeures, de ses vêtements, la constitution du sol de chaque canton, comme d'après cette
constitution le minéralogiste philosophe devine les
mœurs et le degré d'aisance et d'instruction. Nos
départements granitiques produisent sur tous les
usages de la vie, d'autres effets que les calcaires ; on
ne se logera, on ne se nourrira, le peuple, on peut

---

(1) Elie de Beaumont, Explication de la Carte géologique de France.

le dire, ne pensera jamais en Limousin ou en Basse Bretagne comme en Champagne et en Normandie. Il n'est pas jusqu'aux résultats de la conscription qui n'aient été différents, d'une manière fixe, sur les différents sols (1). »

 « Les limites dans lesquelles nous désirons nous renfermer ne nous permettent pas de prolonger ces considérations ; ce qui précède suffit pour nous montrer l'influence prédominante que la constitution générale du sol exerce sur le caractère, les habitudes, les habitants d'un pays.

La température, la chaleur et la lumière solaires paraissent jouer, après le sol, le rôle le plus important. Leur uniformité tend à créer des peuples homogènes, comme leur diversité des peuples entièrement différents. La température croît à mesure qu'on s'avance des pôles vers l'équateur. Mais l'altitude peut contre-balancer l'influence du soleil. La France encore nous fournira un exemple : « C'est la réunion des terres élevées du Midi avec les plaines du Nord qui présente ce caractère d'homogénéité de climat dont toute la France ressent l'influence, et qui fait que la nation française est une des grandes réunions d'hommes d'une complexion analogue. L'unité de la France est due, en grande partie, à ce que le noyau montagneux du Midi, à cause de son élévation, est beaucoup plus froid, proportionnellement à sa latitude, que le bassin du Nord ; d'où il résulte que, abstraction faite de la Gascogne et du littoral de la Méditerranée, le sol de la France présente, jusqu'à un certain point, dans tous les départements, la même

____

(1) Cuvier.

température moyenne. Si les relations de hauteur dont nous venons de parler étaient renversées, si les terres basses du nord de la France étaient portées au centre et que les terres élevées du centre fussent portées au Nord, la France serait partagée entre deux nations presque distinctes, comme la Grande-Bretagne entre les Anglais et les Écossais (1). »

On a beaucoup discuté pour savoir si le pigment propre à la race noire était dû à l'influence du soleil, ainsi que ses caractères anatomiques si tranchés. On a dit oui, on a dit non. Ceux qui ont répondu par la négative, ont objecté certains faits, mal compris et mal interprétés par eux, ce nous semble. Ainsi, on trouve encore, disent-ils, des descendants des Vandales en Kabylie, où certaines tribus ont conservé une peau blanche, des yeux et des cheveux clairs. Il est vrai que le fait est contesté par le Dr Pruner-Bey, qui a vu ces Kabyles, et ne leur reconnaît pas les caractères ethniques des races gothiques.

Des historiens originaux, Procope et Scylax (350 ans avant notre ère), témoignent qu'il y avait des Numides blonds, et qu'ils occupaient ces régions depuis huit siècles (2). On pourrait donc donner plus de force à l'objection. On semble ignorer que la région habitée par les Numides autrefois, les tribus kabyles blanches aujourd'hui, quelle que soit leur provenance, est située à l'altitude moyenne de 1.600 à 2000 mètres, ce qui la reporte à 7 ou 8 degrés vers le Nord. Les Vandales, si Vandales il y a, n'ont pas reçu l'empreinte du vrai soleil africain, ils n'ont

---

(1) Élie de Beaumont.
(2) Bulletin de la Société d'anthropologie, 1860, t. I, p. 158.

pas bruni. Sous le climat des montagnes de l'Atlas, ces fils du Nord ont pu conserver leur teint blanc.

D'un autre côté, objecte-t-on encore, les Lapons qui habitent vers le pôle sont bruns, petits, à côté des autres peuples du Nord, grands et blonds. D'abord les Lapons sont des blancs, mais des blancs issus d'une autre souche. Ils ne sont pas propres au Nord de l'Europe, et forment, avec les Finnois, les Magyars, en Hongrie, les Basques en France et probablement les Lithuaniens en Pologne, les débris d'une race dispersée, refoulée par les Aryas. Cette race parle une langue agglutinative et l'ensemble de ses caractères les rapproche beaucoup des autres peuples de l'Europe.

« Il était impossible de les regarder — les Lapons, etc..... —, soit comme des noirs, soit comme des jaunes. Ils se rattachent évidemment au tronc blanc. Mais ils n'étaient ni Aryas, ni Sémites par leur langage, et Prichard, tenant avant tout ou même exclusivement compte de ce caractère, créa pour eux le groupe des Allophylles, qui est d'une autre tribu (1). »

Voilà ces faits réduits à leur juste valeur. Beaucoup d'autres semblables allégués contre l'influence du soleil sur la production des races s'expliqueraient probablement de la même façon, en tenant compte des anciennes migrations des peuples et des lois de l'hérédité.

Si, à côté de ces objections douteuses, on place ce grand fait géographique, que la race noire est ramassée sous l'équateur, entre les tropiques généralement, que c'est là qu'elle a pris son plus grand développement,

---

(1) Revue scientifique, 27 Janvier 1872. — Quatrefages.

qu'elle présente son type le plus caractéristique ; qu'au contraire, les régions tempérées, boréales, sont occupées par des races au teint clair : race blanche en Europe, race jaune en Asie, race cuivrée en Amérique. Si l'on remarque surtout que ces races diffèrent autant entre elles, plus même, qu'elles ne le diffèrent chacune à part de la race noire, qu'elles sont séparées les unes des autres par des espaces infranchissables qui excluent tout rapport, tandis que chacune d'elle reste en communication directe avec la race nègre, on ne peut raisonnablement pas se refuser à croire à une influence directe du soleil sur la formation des races.

Si la chaleur et la lumière n'avaient aucune influence, il faudrait que les Européens émigrés ces derniers siècles aux Indes ou dans l'Amérique du Sud conservassent intacts leurs caractères originaux. Eh bien ! deux ou trois cents ans ont suffi pour opérer chez eux une transformation. Ils ont bruni, ils se sont modifiés. Les Péruviens ne sont plus des Espagnols, les Indiens de Calcutta des Anglais.

Ce n'est pas seulement l'homme qui est pour ainsi dire le résultat du milieu, ce sont tous les autres êtres organisés. Quelques exemples à ajouter à ceux que l'anthropologie vient de fournir.

Si on place côte à côte la zibeline du nord de la Russie et la marte que l'on trouve encore parfois dans les collines du Poitou — c'est le point le plus méridional où elles se rencontrent en France — il n'y a pas de zoologiste qui ne les rapporte à deux espèces différentes. C'est ce qu'avait fait Buffon et ce qui avait lieu jusqu'à ces temps derniers. L'une, en effet, est blanche, petite, l'autre brunâtre et assez grosse.

La forme aussi n'est plus la même. Cependant, si on a soin de ranger sur une même ligne, de façon à ce que la marte du Poitou et la zibeline de Russie occupent les deux extrémités opposées, si on range, dis-je, un certain nombre de ces animaux pris dans des stations intermédiaires, on les voit passer les unes aux autres par des nuances insensibles; de sorte que la marte et la zibeline bien que fort différentes ne sont plus que deux formes d'un même animal, formes dues entièrement au climat de leur contrée respectives.

Par contre, un même climat, un même milieu, imprime souvent des caractères semblables, uniformes aux êtres les plus disparates comme organisation générale. Le règne animal en fournit de nombreux exemples, mais les plus frappants, ce me semble, nous sont donnés par les végétaux.

Il existe une région botanique naturelle bien connue, région à peu près parallèle à l'équateur, et qui comprend le Sahara africain, depuis le Sénégal jusqu'à la Lybie, l'isthme de Suez, les déserts de la Palestine et de l'Arabie; elle se termine par les vastes plaines des grands lacs salés de l'Asie; surface plate, sablonneuse, aride, brûlée, sans eau, véritable fond de mer émergé. Les plantes obligées de ne rien demander au sol, ne se nourrissent que du peu de rosée que la nuit condense autour d'elles. Appliquées sur le sable ou les rochers, elles n'ont pas de racine, leurs feuilles avortent ou se transforment en masses épaisses et charnues. Les tissus cellulaires de l'axe, la couche herbacée de l'écorce, en particulier, prennent aussi beaucoup de développement en s'hypertrophiant; en un mois, on voit ces végétaux bizarres et excentriques auxquels on a donné le nom commun de plantes grasses. Croit-on qu'une classe spéciale de végétaux ait été créée pour ces pauvres contrées? loin de là; à tous les degrés de la série végétale, on trouve des tribus d'espèces, de genres, fournis à cette Circé botanique. En mettant de côté les Cactées qui sont là chez elles. on retrouve le port cactiforme dans une foule de familles, de genres qui partout ailleurs présentent l'aspect ordinaire. Ainsi les Liliacées, les Crassulacées ont des genres ou sont même toutes des plantes grasses. Rien de plus frappant que de voir, par exemple, à côté de nos euphorbes indigènes, comme l'Euphorbia lathyris L., Euphorbia caracias L., des espèces exotiques. comme E. Offinarum L.; que si l'on n'était pas averti on ne placerait jamais dans le même genre, pas même dans la même famille. S'il est une famille bien connue et surtout bien développée sur le globe tout entier avec des caractères végétatifs peu variables, ce sont les Composées, et l'on ne s'attendrait guère à retrouver là des plantes grasses. Cependant le Kleinia anteuphorbium, D.C. a été ainsi nommé à cause de sa ressemblance avec les Euphorbiacées cactiformes.

Les stations des plantes agissent aussi fortement sur leurs formes. Les feuilles des plantes aquatiques sont en général larges, arrondies, palminerves ou peltinerves par soudure au-dessous du pétiole des deux parties de la base de la feuille. La feuille s'étale sur l'eau pour supporter le reste de la plante et faire l'office de bouée. Les familles les plus éloignées et les plus typiques présentent des espèces, des genres qui ont des feuilles de cette nature et qui tranchent fortement avec le reste des membres. Sans parler des

Renonculacées qui sont à elles seules tout un traité vivant de morphologie, les feuilles en question abondent dans les Hydrocharidées et tout le groupe des Fluviales. Elles reparaissent dans les Nymphéacées, qui ressemblent tellement aux Hydrocharidées que les botanistes du commencement du siècle, méconnaissant l'embranchement, les réunissaient dans la même famille (1), tant l'action d'un même milieu imprime un cachet commun. Enfin, dans les Ombellifères, aux feuilles si finement découpées, laciniées, réduites souvent à leurs nervures enduites de chlorophylle, on rencontre l'Hydrocotyle des marais, dont la feuille ressemble à celle de la Capucine.

Le professeur Ch. Martins, dans une étude sur la création du monde organisé, au point de vue de la nouvelle école anglaise et allemande, signale des faits semblables en parlant de l'apparition d'un même type morphologique et, pour ainsi dire, du même animal et du même végétal à divers degrés de l'échelle. « Le type du singe à mains et à queue prenante apparaît d'abord dans le caméléon, reptile qui ne rampe pas, mais qui grimpe et enroule sa queue autour de la branche qui le porte. Ce type reparaît parmi les marsupiaux dans les Phalangers et les Sariques, parmi les rongeurs dans les Couëndous — Synethères —, parmi les carnivores plantigrades dans le Kinkajou — Cercoleptes — pour se multiplier, se diversifier et se terminer dans les singes à queue prenante de l'Amérique méridionale, tels que les Sapajous, les Alonattes et les Ateles.

Le dragon-volant, dans les reptiles, est la première apparition d'un animal qui se soutient en l'air à

---

(1) Flore française. — Mutel.

l'aide d'une membrane étendue sur les parties latérales
du tronc. Le phalanger-volant ou pétauriste dans
les marsoupiaux, l'écureuil-volant ou polatouche dans
les rongeurs, enfin le galéopithèque ou singe-volant
sont la répétition du même type morphologique,
depuis les reptiles jusqu'aux primates. Le règne
végétal présente des répétitions analogues : ainsi
le type Renoncule reparaît sous forme de Potentille
dans les rosacées et l'Alisma ou flûteau, dans
l'embranchement des monocotylédones. Il ne faut
pas s'en étonner. Dans l'évolution successive des
êtres vivants, malgré de profondes différences d'organisation, les mêmes milieux et les mêmes besoins
ont amené le développement des mêmes formes que
l'hérédité a fixées et maintenues par la reproduction
de l'espèce. (1) »

La fonction ne se concevant pas sans l'organe,
ni l'organe sans la fonction correspondante, ces deux
idées étant adéquates l'une de l'autre, il devient
même inutile d'insister à présent sur les variations
fonctionnelles qui résultent du changement de milieu.
Cependant, comme le changement fonctionnel détermine le plus souvent le changement organique, comme
il tombe sous notre observation avant que ce dernier
ne soit perceptible, comme enfin dans certains cas
l'exagération ou la diminution d'une fonction est
la cause première et directe des changements organiques,
nous ne pouvons terminer ce chapitre sans indiquer au
moins quelques faits.

L'expérience journalière et la plus simple observation nous apprennent qu'il suffit d'un simple écart

____

(1) Revue des Deux-Mondes, 15 Décembre 1871.

dans la pression atmosphérique pour amener des changements dans la manifestation de nos fonctions. Que l'action prolongée d'un soleil ardent dilate les couches inférieures de l'air, comme cela se produit sur les plages sablonneuses des bords de la Méditerranée, par exemple; que le ciel devienne orageux en se charge de nuages fortement électrisés, aussitôt l'homme de sent lourd, abattu, sans force. Le montagnard robuste des Cévennes ne retrouve plus sa puissance musculaire dans les plaines de l'Hérault et du Gard. Le kabile laisse son activité sur les plateaux de l'Atlas en n'apporte à Alger que l'indolence en l'inaction. Que les vents brûlants du Sahara viennent à souffler brusquement aussitôt hommes en chameaux n'ont plus la force en le courage de se traîner : la caravane s'arrête. Ces vents sèment la mollesse en le far niente dans l'Italie en l'Espagne par dessus l'Atlas. Quelquefois, franchissant les Pyrénées, ils font sentir leur funeste influence jusque dans l'Aquitaine.

Quel est celui qui n'a pas observé l'effet d'un temps nuageux, d'une atmosphère chargée d'humidité sur le travail intellectuel! On est sombre, un jour de pluie; le cerveau est lourd; les pensées, lentes à se produire, perdent en intensité et en étendue. Survient un rayon de soleil, en tout reprend son état normal.

La raréfaction de l'air à de grandes hauteurs augmente considérablement le nombre des inspirations du poumon, et, par suite, provoque une suractivité de cet organe, qui se traduit bientôt à la vue par un développement plus grand du thorax. Cette particularité a produit chez les Aymaras en les Incas une désharmonie du tronc relativement aux membres inférieures. Ces races, de taille moyenne, portent un tronc d'une longueur disproportionnée sur des jambes très-courtes (1).

Les modifications organiques et fonctionnelles que nous venons de voir en rapport direct avec la nature et le changement de milieu ont pour but de montrer par des exemples variés à dessein, différents cas, différents degrés d'action du milieu. L'acclimatation n'est pas, croyons-nous, autre chose qu'une modification du même genre, moins profonde sans doute, mais complétement assimilable. L'acclimatation, telle que nous la voyons se produire, n'est que le premier pas vers une modification plus grande de l'ordre de celles que nous venons de citer. Pouvions-nous en donner une meilleure idée que d'insister sur ce point!

______

(1) d'Orbigny, l'Homme américain considéré sous les rapports physiques et moraux. Paris, 1839 ; 2 vol. in-8°.

IV.

Comment faut-il entendre l'acclimatation de l'homme ?

L'acclimatation de l'homme est-elle possible, et dans quelles limites l'est-elle ? Telles sont les deux questions que l'on doit se poser.

L'acclimatation de l'homme est-elle possible ? Évidemment oui ; les faits sont là pour répondre, et on ne conçoit guère qu'il se soit trouvé quelqu'un pour nier une chose si claire. Dans quelles limites l'est-elle ? C'est plus difficile à fixer.

C'est surtout au sujet de l'acclimatation humaine, comme en général pour tout ce qui tient à l'homme de près ou de loin, que se sont produits les jugements à priori et qu'on a pu voir le parti-pris de certains écrivains, de vouloir traiter la question au nom de principes complètement étrangers et dérivant d'un tout autre ordre d'idées. Les uns ne se doutent même pas qu'il faille interroger les faits, et qu'ils ne diront rien de sensé en dehors d'eux : « Tout le monde sait, et personne ne conteste qu'en raison de la merveilleuse flexibilité de son organisation, propre à se plier aux exigences les plus extrêmes, l'homme peut vivre et se perpétuer dans tous les climats. » (1). Ils

---

(1) Cazalès, Moniteur-algérien, 20 Juin 1854.

s'écrient encore : « Avant tout, je commence par déclarer
que dans ma pensée bien arrêtée, l'homme et surtout
le blanc, peut s'acclimater, travailler et prospérer sur
tous les points du globe habités. » (2) Voilà qui est
franchement parler. Certainement, la preuve qu'ils
sont habitables, c'est qu'ils sont habités.

Ces auteurs seraient volontiers de l'avis de
ceux qui ne voient dans tous les faits d'acclimatation
que l'adaptation d'une espèce à un nouveau milieu, en
vertu d'une puissance initiale, inhérente à cette espèce ;
c'est-à-dire que cette espèce avait été créée avec la
faculté native de vivre dans ce milieu nouveau, auquel
elle ne s'était pas encore adaptée, quoiqu'elle eût
cependant pu le faire. Cette adaptation particulière
recevrait le nom de naturalisation, et on devrait bannir
du dictionnaire le mot acclimatation, parce qu'à ce
mot s'attache l'idée qu'une espèce se fait à un
nouveau climat, à un climat pour lequel elle n'était
pas née. En résumé, une espèce se naturaliserait, et
ne s'acclimaterait jamais.

Inutile de faire remarquer que l'homme est en
ce cas supposé descendre d'une souche commune, d'un
couple unique, et qu'il a rayonné d'un point du globe
sur toute la surface habitée.

D'autres, ne tenant pas plus compte des faits
que les précédents, arrivent à des conclusions tout
opposées. Les premiers concluent à l'acclimatation
partout et toujours. Les seconds se croient obligés
de le repousser. « Pour qui prendra en sérieuse considération, dit Rochoux, l'impossibilité des races humaines
de se perpétuer dans des climats fort différents de

---

(2) É. Carrey, Moniteur algérien (Dans Dechambre, t. I, p. 273).

ceux où elles se sont maintenant établies, il sera à peu près démontré que, dans l'origine, il y a eu formation de plusieurs races. » (1).

Polygénisme ou monogénisme ne doivent pas être des principes démontrés, des points de départ. Au contraire, ce sont des buts que la science se propose et qu'elle est encore loin de pouvoir résoudre, des propositions qui ont besoin d'être prouvées. N'en déplaise aux auteurs de ce genre, ils raisonnent à rebours.

Un autre à priori domine tout ceci : c'est l'idée que les uns et les autres se font de l'espèce, de l'être collectif sur lequel ils fondent leur discussion. Pour eux, c'est un tout bien défini, bien limité, le même partout et toujours. L'espèce est un être réel, invariable ou variable dans d'étroites limites, et ce qui s'applique à certains individus d'une espèce s'applique à tous, en vertu de la solidarité organique et fonctionnelle qui les unit. Eh bien ! c'est encore là une erreur, un principe qui tout au moins devrait être pris pour but et non comme point de départ, aujourd'hui plus que jamais. La notion de l'espèce invariable et unitaire est si loin d'être sans contestation, que la nouvelle école anglaise et allemande réunit, maintenant, à peu près tous les naturalistes sérieux. Nous sentons trop notre peu de valeur scientifique pour parler d'un sujet aussi controversé, aussi brûlant que celui de la variabilité ou de l'invariabilité de l'espèce. Nous ne pouvons cependant nous dispenser d'en dire un mot, surtout, que la vraie notion d'espèce est de la plus haute importance au point de vue de l'acclimatation.

____

(1) Dictionnaire en trente volumes ; art. Acclimatement.

Les premières et les plus simples observations faites sur les plantes et les animaux permirent de comparer et de rapprocher les uns des autres, dans chaque règne, des êtres se ressemblant beaucoup, et auxquels on put, avec avantage, donner le même nom. La seule vue d'un champ couvert de plantes herbacées qui portaient des épis, qui donnaient de petits grains dont on faisait de la farine et puis du pain, fit faire un premier pas à la classification botanique, et on donna le nom de blé à toutes ces plantes réunies. De même, dans le règne animal, on appela bœuf, par exemple, tous les animaux grands, gros, à cornes, et dont on mangeait la chair; cheval, ceux qui étaient aussi gros que le bœuf, mais sans cornes, agiles, faciles à dompter, et dont on pouvait se servir comme moyen de transport. Cette première opération de l'intelligence, si simple, si ancienne, s'est ensuite tellement imposée à nous, tellement présentée sans effort à notre esprit, qu'on a fini par croire que l'espèce existait réellement, qu'elle était indépendante de nous, absolument comme on a érigé en axiômes innés, en réalités, les premiers résultats de notre activité intellectuelle en général, les idées qui se présentaient à nous sans travail, sans attention soutenue. On crut à l'existence réelle de l'espèce, comme on a cru à l'existence réelle de la raison. Telle est l'origine de l'idée d'espèce immuable, invariable, réelle, comme on l'a comprise jusqu'à ces dernières années. Les savants lui donnèrent ensuite une définition plus rigoureuse, et tout ce qui pouvait se féconder ensemble fut déclaré appartenir à la même espèce. Les idées religieuses admirent et confirmèrent cette tendance; il ne fut plus permis d'avoir une autre opinion.

Comment est-on revenu à une notion plus sage de l'espèce? Par l'observation et l'explication simple et naturelle des faits observés.

Jusqu'à Linné, le grand législateur des sciences naturelles, les savants n'eurent guère d'idées sur la classification des êtres. Ils ne connaissaient que des espèces. Le botaniste Magnol, cependant s'était élevé, vers 1670, à l'idée de famille, en considérant les gramens qui forment le fond de nos prairies, en voyant autour de Montpellier, où il professait, une grande quantité de ces plantes que les jardiniers appellent bulbeuses. Tournefort, un botaniste aussi, avait créé le genre quelques années avant l'illustre Suédois. Linné perfectionna ces notions en les étendu au règne animal. Le premier, il formula nettement qu'il y avait une série naturelle parmi les genres, les familles, les classes des êtres organisés; qu'on pouvait, par exemple, ranger les animaux de façon à ce qu'on passât des plus élevés en organisations aux inférieurs par une suite d'intermédiaires; que les oiseaux étaient inférieurs aux mammifères, les poissons aux oiseaux, les insectes aux poissons. Comme de ce temps encore il fallait accorder les faits révélés par les efforts de la science avec les idées religieuses de l'époque, on a affirmé que Dieu avait mis un certain ordre dans la création des espèces, et l'idée qu'on se faisait de celle-ci, loin d'en être ébranlée, ne fut au contraire que plus affermie.

Au commencement de ce siècle, on était donc en possession de l'idée de série naturelle parmi les êtres organisés, série démontrée pour le règne animal, présumée seulement pour le règne végétal, malgré les efforts de Bernard de Jussieu. À cette époque, naissait en Allemagne en venait ensuite grandir en Angleterre et en France une science nouvelle, la géologie. L'étude des couches de terrain conduisit vite les géologues à l'examen des débris organiques qu'on y trouvait en abondance, d'autant plus qu'on s'aperçut bientôt que ces débris étaient différents suivant les couches, constants pour chacune d'elles, et qu'ils pouvaient, par conséquent, servir à déterminer ces couches. Alors prit naissance l'idée de la succession des êtres, et comme dans cette succession c'étaient les débris des animaux inférieurs qui caractérisaient les couches les plus anciennes, que les animaux supérieurs n'apparaissaient que dans les couches les plus récentes, on n'eut pas de peine à reconnaître et démontrer la parfaite concordance de la série dite paléontologique avec la série naturelle. Les théologiens admirent que le Créateur avait travaillé successivement, et la première notion d'espèce, quoique ébranlée dans quelques esprits rigoureusement observateurs, n'en resta pas moins la même pour la science officielle.

Jusqu'à ces trente dernières années, on avait cru que l'embryon des êtres représentait en miniature l'être adulte. Mais voilà que les études embryologiques apprennent que chaque être, à partir de sa conception, passe par divers états successifs jusqu'à ce qu'il arrive à l'âge adulte, états qui concordent justement avec les divers types inférieurs à lui dans la série. Cette fois, on ne put pas accorder la science avec la Bible, car à la fin la question de l'espèce s'était transformée en question religieuse. A partir de ce moment, la notion de l'espèce une et invariable devint discutable, et on s'habitua, peu à peu, poussé par l'évidence, à l'idée de la transformation des êtres, des espèces, les unes dans les autres. Il ne manquait plus qu'un homme qui pût résumer en un corps de doctrine tout ce qu'il y avait de faits accumulés, de tendances latentes chez les naturalistes instruits. Cet homme, ce messie, selon la belle expression de M. Ch. Martins, fut Darwin. Actuellement, en effet, qu'il est bien prouvé que le développement embryologique, le développement paléontologique et la série naturelle sont trois faits concordants, on peut dire que ce sont trois faces, trois conséquences d'une même cause, conséquences qui ne trouvent leur explication que dans l'hypothèse de la dérivation des êtres. C'est à nos yeux le point de départ et le plus solide fondement de la doctrine darwinienne.

À mesure que s'est produite l'idée de non fixité de l'espèce, sa compréhension a changé également. Si des limites fixes, invariables, n'avaient pas été imposées aux formes données dès le commencement à la matière organisée, celle-ci n'était plus qu'une réunion d'êtres plus ou moins nombreux, plus ou moins semblables, que notre esprit classait côte à côte pour le besoin de notre entendement ; un groupe qui avait plus ou moins de latitude, qui n'était que le premier terme de nos classifications et tout à fait comparable à nos groupes supérieurs, les genres, les familles, que l'on n'avait jamais pris pour des êtres réels, mais pour des abstractions de notre entendement ; un groupe identique partout et non comparable partout avec les groupes du même nom ; un groupe qu'il dépendait de nous d'élargir ou de rétrécir ; un groupe enfin dont quelques individus étaient plus variables, plus maléables que d'autres, composé des formes semblables que prend la matière organisée aujourd'hui, et susceptible de se modifier si ses formes viennent à changer, comme cela a lieu dans la suite des temps. Les naturalistes, dans la pratique, dans la limitation des espèces, dans leurs observations mêmes, ne confirment que trop bien chaque jour ces conséquences de la nouvelle école.

La notion de l'espèce ainsi comprise, jette le plus grand jour sur le sujet qui nous occupe, sur l'acclimatation. En effet, celle-ci n'est qu'un cas particulier de ce fait plus général : la mutabilité des êtres et des formes organisées, mutabilité déterminée par de nouvelles conditions organiques ou fonctionnelles. On ne peut donc plus raisonner sur l'espèce d'une façon générale, appliquer sans réserves à certains individus les déductions tirées d'autres individus mis par nous dans la même espèce, conclure de l'acclimatation des uns à l'acclimatation des autres; — il faut prendre en grande considération l'aptitude, la flexibilité des êtres à se modifier; flexibilité toujours acquise par des changements répétés, la sélection lente, inconsciente, nécessaire, des sujets mieux adaptés que d'autres, grâce à certaines modifications, à se plier à de nouvelles habitudes. Après avoir parlé de l'acclimatation cosmopolite des chiens, des rats, et de beaucoup d'animaux domestiques, Darwin dit : « De pareils faits me disposent à considérer la faculté d'adaptation à un climat quelconque comme pouvant dériver aisément d'une très grande flexibilité naturelle de constitution commune au plus grand nombre des animaux. À ce point de vue, la faculté que possède l'homme et ses animaux domestiques de supporter les climats les plus divers, et le fait que d'anciennes espèces d'éléphants ci de rhinocéros ont été capables de supporter un climat glacial, tandis que les espèces vivantes sont aujourd'hui tropicales ou subtropicales, ne doivent pas être regardés comme des anomalies, mais comme des exemples d'une flexibilité de constitution très-commune qui, dans des circonstances particulières, est appelée à entrer en jeu.

« Mais, dans l'acclimatation des espèces, quelle part est due seulement à l'habituation et à l'accoutumance ? quelle part à la sélection naturelle des variétés douées d'une constitution innée un peu différente ? (*) et quelle part à la combinaison de ces deux causes ? C'est une question très-difficile à résoudre. Que l'habituation ait quelque influence, il faut bien le croire, soit d'après toutes les analogies, soit d'après les conseils incessamment répétés dans les traités d'agronomie, et jusque dans l'ancienne Encyclopédie chinoise, de ne transporter les animaux d'un district dans un autre qu'avec la plus grande réserve. Comme il n'est pas vraisemblable que l'homme ait réussi à former tant de races et de sous-races ayant chacune une constitution spécialement adaptée à son propre district, il faut bien qu'une part de ce résultat soit due à l'influence de l'habituation. D'un autre côté, je ne vois aucune raison de douter que la sélection naturelle ne tende continuellement à protéger et à conserver tous les individus dont la constitution est le mieux adaptée à leur contrée natale. Dans quelques traités sur diverses sortes de plantes cultivées, on indique certaines variétés comme supportant de préférence, soit un climat, soit un autre. Ces différences innées apparaissent

---

(*) Souligné par nous.

d'une manière frappante dans quelques ouvrages
publiés aux États-Unis sur les arbres fruitiers : on
y recommande de choisir habituellement certaines
variétés pour les États du nord, et certaines autres
pour les États du sud. Comme la plupart de ces
variétés sont d'origine très-récente, elles ne peuvent
devoir ces différences de constitution à l'habituation.

« L'artichaut de Jérusalem (1) qui ne se propage
jamais par graines, en Angleterre, et dont, par
conséquent, on n'a pu obtenir de variétés nouvelles,
étant aussi incapable aujourd'hui qu'autrefois de
supporter la rigueur de notre climat, on le cite sans
cesse en exemple pour prouver que toute acclimatation
est impossible. Avec beaucoup plus de raison, on cite
encore tous les genres de haricots comme s'étant
refusés jusqu'à présent à la naturalisation. Mais
jusqu'à ce que j'aie vu quelqu'un semer des haricots
pendant une vingtaine de générations successives,
assez tôt pour qu'une grande partie des semences soit
détruite par la gelée, recueillir ensuite les graines du
petit nombre de survivants avec assez de soins pour
prévenir les croisements accidentels, les ressemer encore
et recueillir les graines de ce semis avec précaution, je
ne puis considérer l'expérience comme ayant été
tentée. Qu'on ne suppose pas non plus qu'il n'appa-
raisse jamais aucunes différences dans la constitution
des jeunes plantules de haricots ; on a publié un
compte-rendu constatant, au contraire, que certains

---

(1) Hebaisthus tuberosus, L, appelé chez nous pomme de terre
du Canada. Cette plante n'est pas plus issue du Canada que de la
Palestine, mais de l'Inde.

semis se montraient beaucoup plus résistants que les autres. »

Partant, on a donc tort de dire que l'homme est le seul qui puisse s'habituer à tous les climats; qu'une espèce, ou une variété, a la faculté native de vivre ou de ne pas vivre dans tel ou tel pays. On a mille fois tort de conclure de l'acclimatation de certains groupes d'hommes à l'acclimatation de certains autres. Cet être, le plus complexe, le plus délicat, le plus maladif, dont l'enfance est la plus longue et la plus débile que nous sachions, cet être qui a encore la faculté de s'acclimater partout et toujours est un bien beau roman. Les faits de l'histoire sont là. Nous voyons un peuple s'acclimater ici, ne pas s'acclimater là; l'un réussir dans un climat où l'autre ne réussit pas, et ne pas prospérer où l'autre prospère; les Barbares occuper toute l'Europe tempérée et périr dès qu'ils mettent le pied en Espagne, en Italie et en Afrique; les Anglais coloniser l'Amérique du nord et fuir le sud; les Espagnols, au contraire, occuper le sud et fuir le nord. Affaire de race, affaire de flexibilité, qui peut s'appeler de la variation latente, accumulée.